Introduction

Ah l'estime de soi. Quel paradoxe. Il y a des jours où l'on s'aime et d'autres ou l'on se déteste. Des jours où quand on se regarde dans le miroir, c'est un mannequin que l'on voit et d'autres où on ne voit que ce qui est moche en nous.

On met cette superbe tenue qui nous va si bien, on se sourit dans le miroir et puis patatras, une remarque, un regard, et on a l'impression d'être habillé avec des haillons.

Et puis il y a les différents secteurs de vie. On peut être très à l'aise chez soi, se sentir reconnu dans notre couple ou dans notre rôle familial ou auprès de nos ami(e)s mais se sentir très vulnérable en termes d'image au travail ou avec certaines personnes dans certaines circonstances.

Ce livret se divise en deux parties. Une partie avec des conseils pour mieux cerner son estime de soi et l'impact qu'elle a dans notre vie, et une deuxième partie avec une série de questions pour (r)éveiller notre estime de soi. Dans la version "carnet de notes", vous pourrez trouver des espaces d'écriture. Dans la version eBook, vous pourrez vous livrer à une introspection et voir les images en couleur sur vos supports numériques.

Dans un premier temps, revenons sur la définition de l'estime de soi à ne pas confondre avec la confiance en soi.

<u>Définition de l'estime de soi</u> :

L'estime de soi est la perception que j'ai de ma propre valeur. C'est un jugement que je porte sur moi-même souvent influencé par l'avis des autres, de la société, les modes, les croyances sociétales, …. Il peut très vite y avoir une distorsion entre la manière dont je me "vois" et ce que je suis vraiment.

C'est ce qui fait qu'une personne "mince" au niveau de son poids de référence (fait) peut se sentir "très grosse" dans sa perception subjective. L'inverse étant également vrai. Certaines personnes dites "obèses" se sentent extrêmement bien dans leur peau et ne perçoivent pas cette "obésité" en premier lieu quand elle se regarde dans le miroir. Par contre, une image négative peut leur être renvoyée par la société, les gens et même parfois leur entourage. Il faut alors beaucoup de volonté et d'amour de soi pour rester sourd à ces "jugements".

Définition de la confiance en soi :

La confiance en soi ou "avoir confiance en soi" c'est d'abord se connaître en termes de compétences, de qualités mais aussi de défauts ou d'éléments à améliorer et avec tout cela, croire en son potentiel de réalisation ainsi qu'en ses capacités à passer à l'action.

Différence entre l'estime de soi et la confiance en soi :

Apparemment, cette différence réside surtout dans ce que je ressens et dans l'action. L'estime de soi, c'est ce que je ressens à propos de moi-même, comment je me vois subjectivement. Alors que la confiance en moi, concerne l'assurance que j'ai à entreprendre certaines actions.

<u>Qu'est ce qui influence notre "estime de soi" ?</u>

De nombreux facteurs peuvent influencer notre "estime de soi" :

- L'environnent : est-ce que nous sommes dans un environnement porteur qui nous valorise et nous pousse en avant ?
- Notre éducation : est-ce que durant notre enfance, adolescence voire même en tant que jeune adulte, nous avons eu un milieu familial valorisant ? Avec des parents qui nous encourageaient dans nos réalisations en respectant nos individualités ?
- Notre personnalité : nous ne sommes pas égaux. Certaines personnes semblent avoir une estime de soi à toutes épreuves et être très peu impactées par leur environnement, l'avis des autres, ...alors que d'autres perdent toute leur estime à la moindre remarque, au moindre échec ou à la moindre remise en question.
- Nos capacités physiques et intellectuelles réelles ou estimées : nous avons souvent des croyances concernant nos capacités intellectuelles ("je n'ai pas fait d'études donc je suis bête") ou nos capacités physiques ("je suis grosse donc je ne sais pas danser ou pratiquer certains sports") alors qu'en réalité c'est loin d'être un fait "universel". A contrario, on verra des personnes qui elles ne doutent pas de leurs capacités et qui ont une haute estime d'elles-mêmes, réussir dans les secteurs dans lesquels elles se lancent.

Tous ces éléments et bien d'autres, ont une influence sur notre estime de soi.

Il y a le jugement que nous portons sur nous-même qui est très influencé par le jugement que les autres portent sur nous.

L'estime de soi se construit souvent dans la petite enfance et va évoluer au cours de notre vie en mode montagnes russes. Il faut dès lors être très prudent avec les mots que nous disons à nos enfants, nos adolescents, nos jeunes adultes et ainsi qu'à nos connaissances. Mais surtout, nous devons être prudent avec les mots/pensées que nous avons pour nous-mêmes.

Comment booster son estime de soi ?

Voici quelques petites choses que l'on peut faire pour booster son estime de soi.

Prendre conscience de ce que l'on aime sur son corps.

Personnellement, **tous les matins, je choisis une partie de mon corps à aimer pour la journée**. Par exemple, aujourd'hui, je choisis mon "oreille droite".

Toute la journée, je vais la remercier pour ce qu'elle fait pour moi. Me permettre d'entendre la musique, le chant des oiseaux, le compliment d'un ami, la voix de mes enfants, celle de mon mari... Je regarde ses formes, je la touche, je cerne ses contours. Chaque fois que je passe devant un miroir ou une surface qui me renvoie mon image, je prends la peine de la regarder et lui sourire.

Cela peut prêter à sourire et c'est le but. (Ré)apprivoiser les parties de son corps, une à une...pour réapprendre à les aimer, les apprécier.

Prendre conscience de ce qui est positif dans sa vie

Notre vie est composée de "secteurs de vie". Dans chaque secteur de vie, il y a toujours du positif et du négatif. Revenir sur certains secteurs de vie pour en lister les aspects positifs est une bonne chose pour booster notre estime de soi. Ainsi, vous pouvez lister ce qui a été positif dans la réalisation de vos projets professionnels, dans vos projets familiaux, vos projets de vacances ou de sorties, vos projets d'activités ou de loisirs, ... Vous trouverez à la fin du livret une liste non exhaustive de secteurs de vie.

Prendre conscience de ce qui est positif dans les relations que j'ai avec les autres

Notez le nom de vos meilleur(e)s ami(e)s, le positif des relations que vous avez avec eux. Vous pouvez aussi faire pareil avec vos collègues, votre famille élargie, les personnes que vous rencontrez dans vos activités de loisirs.

<u>**Faire régulièrement des activités pour prendre soin de soi**</u>

- apprendre à être seul(e) et à l'apprécier
- trouver des activités qui me ressourcent (yoga, méditation, lecture, activités créatrices, ...) à faire d'abord seul(e) puis éventuellement en groupe
- mieux cerner ses limites que ce soit les limites physiques, mentales et/ou émotionnelles
- s'écouter, oser dire quand on est fatigué(e) et faire des pauses, se faire aider, déléguer, ...
- pratiquer la respiration ventrale consciente (quelques minutes par jour, (re)centrage sur soi, concentration sur soi, diminution du stress et/ou de la charge mentale)
- soupirer en haussant les épaules (comme quand on était enfant) pour relâcher les tensions
- rire, faire des activités en lien avec l'humour et le plaisir (le rire libère des hormones de plaisir et de bien-être, de détente pour le corps et l'esprit, cela permet également une libération émotionnelle positive)
- faire des activités de soins corporels (gommage, masque, maquillage, massages, coiffeur, ...)
- déterminer ses véritables besoins et pas ceux dictés par les "autres", la société, ...

Pratiquer intensément le lâcher-prise ou plutôt le détachement conscient (car personne n'aime se lâcher avec le risque de tomber dans un vide émotionnel)

Je peux me détacher consciemment et du coup modifier : mes idées, mes pensées, mes paroles, mes jugements, mes décisions, mes réactions, mes engagements, mes comportements, mes apprentissages, mes expériences et ce que j'en retire, mes demandes, mes défis, mes efforts, ...

Je peux me détacher consciemment et avoir une influence positive sur : mon avenir, ma santé (réaliser du préventif et veiller à une vie saine pour la conserver), la réaction des autres (ça reste leur responsabilité mais je peux l'influencer), ...

Je peux me détacher consciemment MAIS pas modifier : la météo, certaines injustices, l'avis des autres, la méchanceté, l'amour et/ou l'amitié que les autres me porte (et oui), le pardon des autres, le manque d'empathie, mes erreurs (on ne peut pas revenir en arrière mais on peut en faire des leçons de vie), l'indifférence, les décisions des autres, la vie des autres, ce que les autres pensent, la jalousie, les rumeurs, la maladie, le passé, certaines de mes caractéristiques physiques, intellectuelles et émotionnelles, ...

Prendre conscience qu'on ne peut pas plaire à tout le monde

Et heureusement. Tout d'abord, il y a beaucoup de personnes qui ne s'intéressent pas du tout à vous, ni à votre vie. Elles ont leur propre problème et c'est assez comme ça. Pourquoi focaliser sur elles ? Restez focalisé sur les personnes que vous aimez et même elles, relativisez l'avis qu'elles ont sur vous. Les personnes qui vous aiment pensent souvent savoir mieux que vous ce qui vous convient ("C'est pour ton bien."). Du coup, si vous sortez de cette vision qu'elles ont de vous, elles vous le font savoir par des remarques/critiques souvent acerbes et surtout pas du tout constructives.

J'utilise souvent **la technique du "portemanteau"**. Si une personne me fait une critique, je me demande si c'est vrai. Si oui, je réfléchis si c'est constructif et important pour moi. Si oui, je me remets éventuellement en question sans que ce soit une obsession. Si par contre, ce n'est pas vrai et non constructif, ou si comme souvent, c'est le reflet des frustrations et des craintes de la personne, je la regarde comme un **"portemanteau qui gesticule" et je jette mentalement sa réflexion à la poubelle**. Par contre, j'ai développé **"l'auto-compliment"** car la personne à qui je dois plaire le plus c'est MOI-MÊME !

Devenez votre plus grand fan !

Attention aux "destructeurs d'estime de soi" !

Il y a autour de vous des "destructeurs d'estime de soi professionnels" que je mets dans la catégorie des "empoisonneurs". Ce sont des personnes qui donnent l'impression d'être la confiance en soi personnifiée. Souvent elles ont une sorte de "charisme", de la réussite dans tout ce qu'elles entreprennent et on a l'impression qu'elles sont tombées dans la marmite "succès" à la naissance...

Et pourtant... Souvent ce sont des personnes extrêmement mal dans leur peau. Pour se sentir exister, elles ont développés des "dons" de manipulation.

Si elles tombent sur une victime avec une faible estime de soi, elles sautent dessus comme un aigle sur sa proie. Paradoxalement, au début, elles sont charmantes. Compliments, cadeaux, et phrases positives qu'on aime entendre pleuvent... Que du bonheur ! Mais petit à petit, les critiques arrivent, les reprochent, les scènes de jalousie, les exigences, les remarques blessantes, les attaques et scènes se multiplient. Vous ne vous sentez pas bien dans la relation mais vous êtes comme hypnotisé. Vous vous dites que c'est de votre faute alors que vous trouvez plein de circonstances atténuantes à l'autre. Petit à petit, la personne vous isole de vos proches qui vous avaient mis en garde. La personne arrive à vous convaincre de leur mauvaise intention et on s'éloigne. Et puis un jour ça va trop loin et on dit STOP !

Oui, cela pourrait être un pervers narcissique dans une relation de couple, mais cela peut aussi être le cas dans une relation amicale ou une relation professionnelle ou familiale.

Une chose est certaine : FUYEZ !

Récupérez le peu de respect et de compassion qu'il vous reste pour vous-même et éloignez-vous très vite de cette relation. Au besoin, faites -vous aider. Retournez vers ces proches qui vous avaient mis en garde.

Il vous faudra du temps pour retrouver votre estime de soi après ce genre d'épisode mais soyez patient(e), cela reviendra.

Attention que si vous vous êtes fait avoir, vous avez toutes les chances que cela arrive de nouveau quand votre estime de soi décroit de nouveau. **Nommez un garde-fou**. C'est une personne qui doit vous mettre en garde et que vous vous promettez à vous-même d'écouter quoiqu'il arrive.

Souvenez-vous aussi que quelqu'un qui doit démolir les autres pour exister est souvent celui qui est le plus mal dans sa peau.

<u>24 questions à se poser pour augmenter son estime de soi</u>

Dans les pages suivantes, vous trouverez des questions qui vous permettent par leurs réponses d'augmenter votre estime de soi.

Dans la version livret vous pouvez noter vos réponses et dans la version eBook, cela vous permet une introspection.

Vous pouvez faire l'exercice seul(e) ou avec une personne qui vous est proche.

N'hésitez pas non plus à refaire l'exercice aussi souvent que nécessaire.

Répétez-vous souvent à vous-même les phrases suivantes :

"Je m'aime parce que je suis Moi."
"Je suis important(e) pour moi."
"Je suis heureux(se) d'être qui je suis."
"Je me regarde et j'aime ce que je vois."
"Je m'écoute et j'entends mes véritables besoins."
"J'ai le droit d'être différent(e) et cela me va bien."
"J'ai le droit d'être dans l'émotion et de l'exprimer."
"Je suis MOI et c'est très bien comme ça !"

Quelles sont les 10 choses pour lesquelles tu es vraiment doué(e) ?

Date :

Date :

Quelles sont 5 caractéristiques physiques que tu aimes vraiment chez toi ?

Date :

Date :

Quelles sont 3 de tes plus belles qualités ?

Qualités

adroit

aimable

amusant

appliqué

astucieux

attentif

attentionné

bienveillant

communicatif

compréhensif

coopératif

courageux

créatif

curieux

débrouillard

déterminé

drôle

énergique

généreux

habile

honnête

inventif

joyeux

ordonné

organisé

original

paisible

passionné

patient

persévérant

rassurant

réconfortant

réfléchi

respectueux

responsable

rusé

sérieux

serviable

sincère

sociable

soigneux

spontané

sportif

souriant

sympathique

tolérant

volontaire

Date :

Date :

Quelle serait pour toi la vision d'une "vie de rêve" ?

Qu'as-tu déjà dans ta vie qui te rapproche de cette vision ?

Date :

Date :

Quels pourrait être 3 projets que tu pourrais réaliser dans les 6 mois à venir ?

Date :

Date :

Peux-tu réfléchir à 10 choses pour lesquelles tu as envie de dire "merci" ?

Date :

Date :

Peux-tu penser à 10 affirmations positives
concernant ta vie
en général ?

Croyance, confiance, croyance, amour, espoir

Date :

Date :

Quels sont 5 de tes traits de personnalité
les plus positifs ?

Date :

Date :

Comment pourrais-tu t'aimer plus ?

Date :

Date :

Quels compliments pourrais-tu te faire
à toi-même ?

Trouves-en au moins 3 tous les jours.

Date :

Date :

Quelles sont les choses pour lesquelles tu te pardonnes ?

Date :

Date :

Quelles sont 3 choses que tu pourrais mettre en place pour te rapprocher de la réalisation de tes rêves/projets ?

Mets-toi un RV pour réaliser ces 3 choses pour éviter de procrastiner (remettre à plus tard ce qui peut être fait aujourd'hui)

Date :

Date :

Quelle est l'activité que tu préfères
dans la vie ?

Date :

Date :

Date :

Quelle(s) pensée(s) dois-tu enlever de ton esprit pour t'aimer plus ?

Date :

Date :

Peux-tu penser à un texte d'encouragement pour toi-même ?

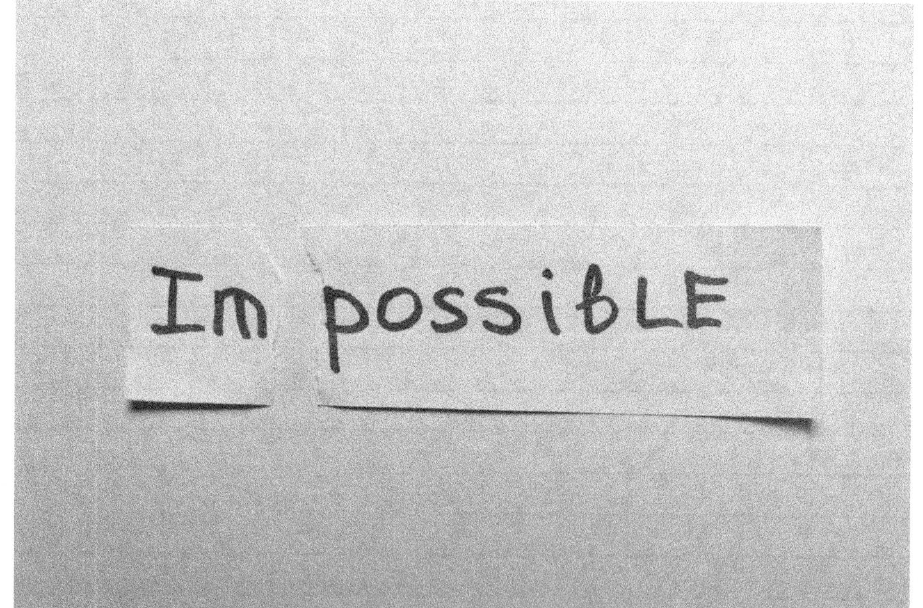

Date :

Date :

Quelles sont 5 victoires/réussites
dont tu es fier(e) ?

Date :

Date :

Quelle mauvaise habitude dois-tu éliminer
de ta vie ?

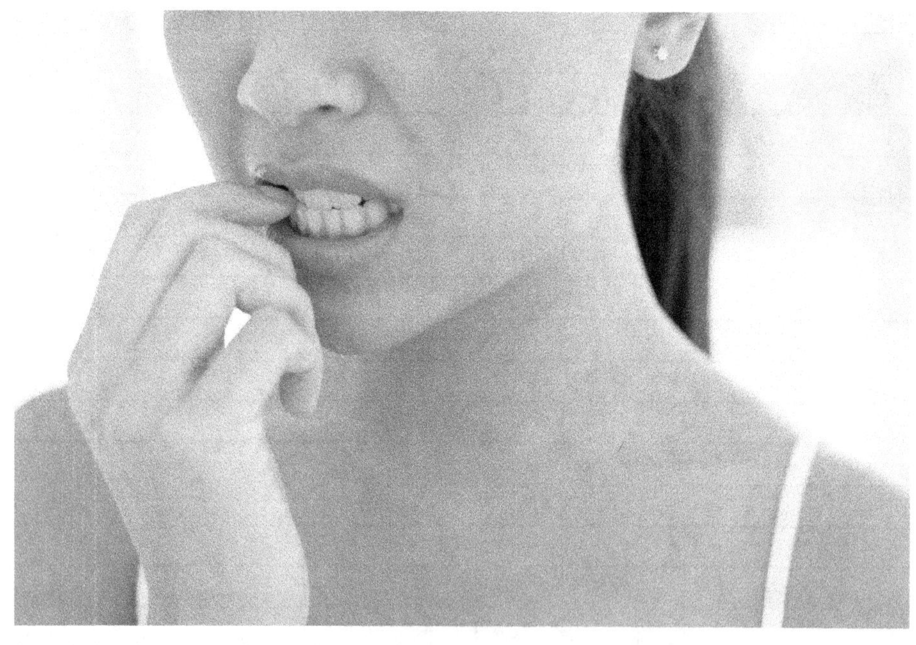

Date :

Date :

Quelle(s) pensée(s) limitante(s) dois-tu
éliminer de ton esprit ?

Date :

Date :

Quelles sont les 10 choses qui te rendent le/la plus heureux(se) ?

Date :

Date :

Date :

Quels seraient les conseils que tu donnerais à ton "toi" passé ?

Quels seraient les conseils que tu donnerais à ton "toi" futur ?

Date :

Date :

Que dirais-tu pour te décrire positivement en 10 mots ?

Date :

Date :

Qu'est-ce qui se met en travers de ton bonheur et qu'est-ce que tu pourrais faire de positif pour que cet obstacle disparaisse ?

Qui se met en travers de ton bonheur et qu'est-ce que tu pourrais faire de positif pour que ce ne soit
plus le cas ?

Date :

Date :

Quelles sont 5 bonnes habitudes que tu veux garder ou que tu veux prendre dès demain ?

Date :

Date :

Quels sont 5 défauts ou points à améliorer chez toi que tu acceptes ?

Et que peux-tu faire pour que l'impact de ces "défauts" soit le moins fort possible ?

Date :

Date :

Après toutes ces questions, comment te sens-tu ?

Que peux-tu encore faire pour aller mieux ?

Sur une échelle de 0 à 10, et par secteur de vie (voir sur la page suivante), où en est ton estime de soi ?

Les différents secteurs de vie :

- la carrière - le travail - la recherche de travail

- l'éducation - la formation - la connaissance - les expertises

- la santé - la perception subjective de mon physique - la perception subjective de mes capacités intellectuelles - la perception subjective de mes émotions

- les finances - les biens et besoins matériels

- la vie sociale - les relations familiales

- le couple - l'amour - l'amitié

- les projets - les objectifs - les réalisations

- les loisirs - les centres d'intérêt

- ...

Date :

Date :

Date :

Date :

Date :

Date :

Date :

Date :

Date :

Date :

Date :

Derniers conseils ....

Apprenez à toujours mettre en avant vos qualités. Pour ce qui est de vos défauts et bien eux aussi peuvent devenir des qualités dans une certaine mesure. Par exemple, si je suis maniaque et bien je serai en fait quelqu'un de très ordonné et cela peut servir dans certains métiers.

Soyez bienveillant(e)s envers vous-même. Pardonnez vos erreurs et faites-en des leçons. Personne ne vous demande d'être parfait(e) ou aimé(e) de tous. Méfiez-vous de ceux qui ne sont pas bienveillant avec vous mais aussi de ceux qui sont trop gentils ou qui ont tendance à vous dire ce que vous voulez entendre.

Recentrez-vous sur vous-même en apprenant à ne pas dépendre des autres. Faites preuve d'*égoïsme nécessaire* et recentrez-vous sur vos véritables besoins.

Prenez l'habitude d'être votre plus grand "fan" et ne lésinez pas sur les auto-compliments et les auto-félicitations accompagné de petites récompenses.

Apprenez à vous respecter vous-même dans vos véritables de besoins en étant capable de dire OUI à bon escient mais aussi et surtout NON. Evitez d'aider systématiquement les gens surtout quand ils n'ont rien demandé.

N'oubliez jamais qu'une relation se fait dans les deux sens et pas un qui donne et l'autre qui prend.

Voilà, j'espère que ce livret vous aura aidé à faire le point sur votre estime de soi.

En cas de besoin, vous pouvez toujours me contacter par mail : mariemotivationok@gmail.com
ou via ma page Facebook :
Marie Motivation avec vous plus loin.

N'hésitez pas à aller voir mes autres livrets en cliquant sur mon nom pour voir ma page d'auteure.

Prenez soin de vous
A bientôt
Marie Motivation